AF107418

www.ingramcontent.com/pod-product-compliance
Lightning Source LLC
LaVergne TN
LVHW010348070526
838199LV00065B/5810
9789358727043

زخموں کے کئی نام

(ہندی شاعری کا اردو ترجمہ)

سُدیپ بنرجی

© Sudeep Banerjee

ZakhmoN ke kai naam *(Poetry)*

by: Sudeep Banerjee

Edition: November '2024

Publisher :

Taemeer Publications LLC (Michigan, USA / Hyderabad, India)

ISBN 978-93-5872-704-3

مصنف یاناشر کی پیشگی اجازت کے بغیر اس کتاب کا کوئی بھی حصہ کسی بھی شکل میں بشمول ویب سائٹ پر اَپ لوڈنگ کے لیے استعمال نہ کیا جائے۔ نیز اس کتاب پر کسی بھی قسم کے تنازع کو نمٹانے کا اختیار صرف حیدرآباد (تلنگانہ) کی عدلیہ کو ہوگا۔

© سُدیپ بنرجی

کتاب	:	**زخموں کے کئی نام**
مصنف	:	**سُدیپ بنرجی**
اردو ترجمہ	:	شاہد ماہلی، ڈاکٹر سرور احمد
صنف	:	شاعری
ناشر	:	تعمیر پبلی کیشنز (حیدرآباد، انڈیا)
سالِ اشاعت	:	۲۰۲۴ء
صفحات	:	۱۲۴
سرورق ڈیزائن	:	تعمیر ویب ڈیزائن

زخموں کے کئی نام

سُدیپ بنرجی

ہندی سے اردو

شاہد ماہلی
ڈاکٹر سرور احمد

فہرست

	صفحہ نمبر
شیر نے کانہا سے	۹
ایک شیر آیا سپنے میں	۱۰
جنگل اگر گئے رہتے	۱۱
جنگل سے واپس اگر لوٹیں گے	۱۲
وہ پہچانیں گے موت کے ملزم کو	۱۳
پیدل پیدل چل کر	۱۴
بنسری	۱۶
ترجمہ	۱۷
کس کے تیر سے بندھی	۱۹
سائیکل	۲۱
اپنی دھاری دار وردی میں	۲۲
وہ دیوار کے پیچھے کھڑی ہے	۲۳
تمام رات کے اننت بوگدے سے	۲۵
دیکھ اڑتی چیلوں کو	۳۰
کاشی ناتھ	۳۲
آسمان تمہارے کتنے تارے	۳۶
کیونکہ سب چپ ہیں	۳۷

صفحہ	عنوان
۳۸	یہ انجان درخت، اپرجیت پھول پتیاں
۴۰	سائیکل کا پہیا لیے
۴۱	وہ فیصلہ دیتے ہیں
۴۲	ایک سوراخ سے دیکھی ساری دنیا
۴۳	میں کھڑکی کے باہر دیکھتا ہوں
۴۶	کہا پھول تو
۴۷	ساری کپکپاہٹیں پردوں میں نہاں
۴۸	تمام ندیوں کا انت
۵۰	زخموں کے کئی نام
۵۲	منوہر لال کے بارے میں
۵۵	کافی مرچکے
۵۶	مردم شمار
۵۷	ایک بوڑھے کو وداع دیتے
۵۹	اتنی اتنی موتوں کے بعد
۶۱	اس وقت سکول جا رہے ہیں بچے
۶۳	ایک اور بچہ مر گیا
۶۵	ڈر لگتا ہے رام
۶۸	پہلے کبھی وہ من مانی کرتے تھے
۶۹	یہ آسان تو نہیں
۷۲	آپ لگاتار
۷۴	پھر آپ نے
۷۵	پکھواڑے کبھر کی اداسی سے اوب کر
۸۰	نیند سے اٹھ کر

۸۱	سنسان پٹریاں
۸۴	وہ آہستہ سے آ کر
۸۶	کھیل کے میدانوں میں
۸۸	زمانے کے حاشیے پر
۹۱	آدم خور ٹرک
۹۵	تم نے کتنے بنائے کوئی
۹۷	یہ گہرا بہت خوبصورت ہے
۹۹	اٹھو
۱۰۱	وہ تو آخری درخت
۱۰۲	ندی
۱۰۳	صبح جلدی اٹھنے سے
۱۰۷	رات کوئی بھیڑ بھاڑ میں نہیں
۱۰۹	شہر کی روح
۱۱۱	تالاب میں تیر رہی ہے
۱۱۲	نہری
۱۱۳	تمہاری نہیں ہوتی
۱۱۴	نیلی قمیض میں
۱۱۶	ویسے تو اس کے بارے میں یہ ہے
۱۱۸	ملبہ
۱۱۹	اب کوئی رات کے اندھیرے میں
۱۲۲	پہلے جلسے میں آئے وہ
۱۲۳	ادھر سٹرک کے نیچے سرنگیں ہیں
۱۲۷	اس کے چپ رہنے سے بات نہیں بنتی ۔

۹

شیر نے کانہا سے

شیر نے کانہا سے
ڈرائنگ روم میں چھلانگ لی
صوفوں پر بیٹھے لوگ میزبان
کا انتظار چھوڑ، بھاگ کر
سپنوں میں گھس گئے

سپنوں میں شجر تھے
شجروں پر مچان
میزبان کو جگہ نہیں تھی مچان پر

شیر پھر قالین بن گیا اور اُس
پر چائے گرانے لگے پڑوس کے بچے

میزبان نے کانہا میں چھلانگ لے کر
بندھے پاڑے پر اپنا بدلہ لیا۔

ایک شیر آیا سپنے میں

ایک شیر آیا سپنے میں
چپ چاپ بیٹھا رہا چوکھٹ پر
تمام لوگ عمارت کے بھیتر آتے
جاتے رہے
بے روک۔ ٹوک

سپنا ٹوٹا تو
جگہ جگہ فرش پر شیر کے پنجوں
کے نشان تھے
خونخوار رہ گیا تھا، ندارد شیر
سے الگ ہو

عمارت کے باشندے باہر آنے میں ڈرتے تھے،
باہر جو رہ گئے تھے دوسرے محلّوں کی
تلاش میں چل پڑے
سپنوں میں جو پالتو ہوتے ہیں
وہ روزمرّہ کی مشکل کہتے ہیں!

جنگل اُگر گئے تھے

جنگل اُگر گئے تھے تو پھر
کیوں لوٹے راجدھانی میں ؟
پیڑوں کو کہا شجر آپ نے
درخت کہا، جھاڑ کہا، پر وہ
لاٹ بن گئے ایندھن کے، عمارتی
لکڑی کے پیٹھے بن گئے

اس بار لوٹے ہیں جنگل میں آگ
لگاکر آپ تو دیکھئے چُپ چاپ
دیواروں کرسیوں ٹیبلوں، دروازوں سے
پھوٹ رہی ہے نئی کونپلیں
ساڑیوں پر پھول پتّوں کی چھاپ
پھول پتّوں میں بدل کر، اُکھاڑ
رہی ہیں مہلاؤں کو، ڈھک رہی
ہیں مہلاؤں کو!

۱۲

جنگل سے واپس اگر لوٹیں گے

جنگل سے واپس اگر لوٹیں گے
شہر ہیں تو شہر پوچھے گا ہی آپ سے

کیا بتائیں گے اُسے آپ شیر کے بارے میں ؟
کیوں کہیں گے بھالوؤں سے مٹھ بھیٹر کے بارے میں ؟

شہر بالک ہے
آپ کا چھوٹا بھائی
یہ آپ کی غلطی ہے اس کا نام
آپ نے بھوپال رکھا، آپ
غافل رہے اپنے دھندے میں اور
بگڑ کر یہ راج دھانی بن گیا ۔

۱۴

وہ پہچانیں گے موت کے ملزم کو

وہ پہچانیں گے موت کے ملزم کو جو
لوٹ کر پناہ لی ہے
بھیڑ بھاڑ میں محلّے کے

نیلی پہاڑیاں رہی ہیں
پچھواڑے میں جاکر گھورا بن رہی ہیں
کھڑکی کے سیکھچوں سے جھانکتا ہے ملزم

جتنوں نے اسے جانا، اسے چھوڑ
دیا اس کے درمیان

زمیں دوز دھمنیوں سے وہ
بھیج رہا ہے پیام
جو بھو کنپ کے مانند پھیلتا
پہنچ رہا ہے، بوٹینکل گارڈن
کی رکت ہین گھاس پر، بنا خرچ ہوئے
جذبات کی باقی چمک
وہ شاید شناخت کر پائیں
اپنے ملزم کی!

۱۴

پیدل پیدل چل کر

پیدل پیدل چل کر
ندی پہنچی ہے
اس قصبے میں
ننگے پیر

اس کے پیروں کا دھاور
دھل گیا ہے
مٹ میلے پانی میں

قصبے سے سہمتی ہوئی
اِدھر اُدھر دیکھتی
ریپٹ کے نیچے سے گزرتی ہے
بس سے پھینکے
سگریٹ کے پیکٹ کو
اُبھیرتی ہوئی

تڑکے تڑکے
نکل جاتی ہے
قصبے کے باہر

۱۵

بانسوں کے جھُرمٹ میں
دیر تک نہاتی ہے
پھر ٹیلے پر، اپنے بال سکھاتی ہے
بھری بھری ہو کر
پہنچتی ہے دوسرے قصبے میں
دوپہر

سنگل وار کے ہاٹ میں
جا کر بیچتی ہے مچھلیاں
چلاّ چلاّ کر
پھر دھوبنوں کے سنگ
گھنٹوں بتیاتی ہے
پچھیٹ پچھیٹ کر
ہر گھر گرہستی کے قصّے
سمیٹ کر
بیہڑوں کو پار کرتی ہوئی
تھکی ماندی شام کو
داخل ہوتی ہے چنبل میں
سونے مندر کے پچھواڑے

پیدل پیدل بہت چل چکی ندی
اب ریل گاڑیوں پر سوار
پہنچے گی بنگال کی کھاڑی تک !

نِسرنی

نِسرنی
اپنی انگلیوں کی
دانتوں پر ٹکائے
پہنچی ہے گنبد پر
چکیلا رنگ کرتی ہے
سورج کے پچھواڑے میں

وہاں ایک مینا بازار ہے
سورج کے پچھواڑے میں
ناخون وہاں سکّے کی طرح
چلتے ہیں

دیتیا کار جھولوں پر
سوار شہراتیوں کے کپڑے
اڑتے ہیں زمین دوز آسمانوں میں

وہ چکیلا رنگ کرتی ہیں
گنبد پر سے
برہنہ پھسلتی ہوئی
ستی ہو رہی ہیں، سورج میں !

ترجمہ

تم نے گاؤں کی ندی نیوُج کا
ترجمہ کیا تو لوگوں نے دیکھا،
یہ ندی کیسی ! ان کی اپنی پڑوسن ؟
موہن لال کی بہن کاشی رام کی بیٹی !

چھوٹی سے بڑی ہوئی
ہم لوگوں کے دیکھتے
اب دلہن بنی
چلی جائے گی ایک دن
کسی دوسرے پڑوس میں

اور ہمارے پاس رہ جائے گا
یہ پلیا کا کنپکنپاتا سرا
تمہارے ترجمے کا

۱۸

ایسا سوچتے سوچتے تم نے
سچ مچ میں ترجمہ پھر کر دیا
ہماری بھلی پڑوسن
دین دیال کی بہو کو
سب نے دیکھا، مچھلیاں بہت خوش ہیں چنبل میں
اور چنبل پاگل ہے مچھلیوں کے اُلّاس میں

وہ لہراتی ندی ہو کر پاٹوں کو توڑتی
شہروں کو ڈبوتی جھکجھورتی دُنیا بنی
کوئی اسے پہچان نہیں پاتا گرہستن تھی کبھی
ان کے اپنے پڑوس میں
اور تم بھی اتنے جادوگر
اتنے شبدوں کے کاریگر
اب اس ترجمہ کر پاؤ واپس
ایسی مہارت نہیں

کس کے تیر سے بندھی

کس کے تیر سے بندھی، کھنچی
چلی جاتی ہے ٹیمس، کون چھیڑتا ہے اسے
آدھی رات کے انتر نگ میں
مچھلیاں ایپچھنے کے لیے

تیرگی کے ہمراہ کھڑے ہیں کھمبے،
روشن جو ہو سکتے، وہ زمین دوز ہوئے
ان کی دفن سانسوں سے ڈھکی ندی
پُلوں اور پہرے داروں سے بچتی
پہنچتی ہے شکاری کے
اِندرجال شیوریں

ٹیمس کے سپیرے کو دیکھا نہیں کسی نے
واٹرلو برج پر چپ چاپ
میلی تھیلی سے نکال کر
ایک بُھتہا چاندنی، اداس ندی پر
پسارتا ہوا

۲۰

جل ترنگ پر بچھائے مہین چاندنی
وہ ناچ سکتا ہے رات بھر
سانس در سانس ٹیمس کو زخمی کرتا ہوا
مچھلیاں اداس تنتوں پر ڈھیر ہوتی ہوئیں

آدھی رات کے اُنترنگ میں
یہ اندر جال مر گیا
ندی کے وَکش پر سوار
شبدوں کا پرُش
رنگریز زخموں کے گرم کٹراہوں میں
چاندنی گہراتی ہوئی

کس کے تیر سے زخمی اِندر جال
حقیقت کا شہر منہ چڑھاتا ہوا

سائیکل

ایک سائیکل تین پہیوں والی
بدرنگ آسمان کے، اوندھلے پر سے
دنیا میں گراتی ہے
ایک بچے کو

ایک پہیا ٹوٹ جاتا ہے
دو پہیے کی کھڑکھڑاتی سائیکل پر
ایک یوک طے کرتا ہے پُل
آکاش گنگا بہتی ہے نیچے
اس کے

ایک بوڑھا،
چلچلاتی دھوپ میں
درست کررہا ہے
دھرتی اور آسمان کے
ان گِنت پہیوں کے پنکچر

۲۲

اپنی دھاری دار وردی ہیں

اپنی دھاری دار وردی ہیں
کلف لگائے نکلتا ہے
شیر اپنی ماند سے

پیلی پتیوں پر اس کے
پنجوں کے نشان نہیں پڑتے
مکانوں سے تاکتے رہتے ہیں
گھگھو

جنگل کے ٹھیک بیچ سنتری
سلوٹ کرتا ہے شیر کو
دہاڑنے کی جرأت کے اوّل

ڈامر کی سڑک کے نکوڑا پہلے
ڈری بستی کھونٹی سے بندھی
آنکھ پھاڑے دُم دبائے
کوٹری کی چلاہٹ سنتی ہے!

۲۴

وہ دیوار کے پیچھے کھڑی ہے

وہ دیوار کے پیچھے کھڑی ہے
دیوار کا وہ سرا اس کے کمرے میں ہے
جس پر کچھ لکھا ہے
کوئلے سے

کوئلے سے کی گئی ہیں چترکاریاں
ون اُپون، پشو پکشی، دیش ویدیش
سب اُبھر آئے ہیں
دیوار پر

وہ کھڑی ہے جہاں، ٹھیک وہیں
دیوار کے باہر سے پھوٹ رہا ہے
پیپل کا ایک پودھا۔ اس کی پھوٹتی آنکھیں
ٹھیک وہیں سے دنیا کو دیکھتی ہیں

وہ کوئلے سے آنک رہی ہے دنیا
دیوار میں اپنی طرف، دیوار کے باہر
اصلی دنیا جھلس رہی ہے؛ پیڑ پودھوں

۲۴

باگڑ سے لے کر دور دور تک کی عمارتیں
ندی، پہاڑ، جھرنے سب جھلس رہے ہیں

ایک آدرشیہ اکاش سے
ٹپ ٹپ تارے گرتے ہوئے
ایک غائب سنسار کے
اسپرشیہ چھلاوے میں
تمام پڑوس سے ان سنی
ایک چیخ پیچھا کر رہی ہے
بھاگتے ہوئے کوی کا
شبدوں کے بیچ جگہ ڈھونڈھتی ایک
پاگل چیل کی پیاسی چیخ

وہ دیوار کے پیچھے کھڑی ہے
اسے ابھی کسی نے نہیں دیکھا ہے
کوی کو بھی اس سے زیادہ
اس کے بارے میں کیا معلوم ہو سکتا ہے

جو صدیوں سے اسی طرف کھڑی ہے
دیوار کے پیچھے
غائب سنسار کی بے وجہ نوک پر!

تمام رات کے اننت بوگدے سے

تمام رات کے اننت بوگدے سے
آدمی واسی تعویز کی طرح
چھچھاتی ٹرین، صبح صبح
دستک دیتی ہیں، قصبے کو۔
برامدوں اور سڑکوں پر بھی
سائیکلیں اور سائیکل رِکشا
اُوس بھیگے اور تازے پہیّوں کے
اننت تک جاتے رُکے سِلسلے
کولاہل قبضہ کرے گا۔ ابھی
کچھ دیر میں ہی، اِن کتّوں سے بھی
بے خبر سڑکوں پر

میں پھر کبھی نہیں جاگوں گا اس قصبے میں،
یہ دفن ہی رہ جائے گا اتنے بڑے ملک کے
اپنے چھوٹے سے نام میں شمار۔ یہاں بھی لوگ
رہتے ہیں، سوچتے ہوئے ٹرین پار کرتی ہے

۲۶

اِس قصبے کی آخری سرحدیں، دھواں
اپنی جگہ ڈھونڈتا، بھٹکتا آسمان میں . . .
کتنے دیس پردیس دکھائیں ہیں مجھے
اِن یاتراؤں کے اسپھل منصوبوں نے
پُرانُوں سے بھی کہیں زیادہ، جن جن
جگہوں پر میں اتر نہیں پایا، وہ
مجھے ڈھونڈتی پھرتی ہیں دنیا کے آخری
ایکانت تک

ٹرین نزدیک پہنچتی ہے شہر کے
بچّوں کو پتنگ اڑاتے ہوئے، رتّی بھر
حیران کرتی ہوئی اور میں سوچتا ہوں
کہ لوگ رہتے ہیں، کہ لوگ رہتے ہیں
اس شہر میں بھی
جہاں مجھے نہیں اترنا ہے
اس شہر کے بچّے بھی سیانے ہونگے
دم خم ناپیں گے پٹریوں پر
ان ریل گاڑیوں کے انت رنگ کو بھیدتی
ان کی درِشٹیاں پوری دنیا کو سنواریں گی

خاکی نیکر و نیلی قمیض پہنے
وہ چھوکرا پتنگ بازی میں مشغول
ایک کے بعد ایک ندی نالے کھنگالتا
تمام چھوٹے۔ بڑے شہر
ٹکڑے ٹکڑے کر بکھراتا
بنا کچھ پوچھے، بنا کچھ سمجھے
دلّی بمبئی ہوتے ہوئے
صبح صبح داخل لندن میں
اور ہاتھ سے سیدھے جا کر
ٹرے فلگر اِسکیو پر میں، سُونکچھ
کا پرچم پھہراتا ہوا
ملاتا ہے نیلسن سے ہاتھ

پٹریوں کے گربھ استھل میں ہے
بھینکر دَھوکنی
بسگڑیوں کے دھوئیں میں
اور کاغذ کی پتا کاؤں میں ہے
کتنی پرواز
دیکھی ہے میں نے لندن میں آکر
اپنے ان دیکھے، ان چھوے ہندوستان کو
سہلاتے ہوئے، ہم ملک

۲۸

سُونگھ، بڑنگر، گورے گاؤں
یا لدھیانہ، کوچین کی
چھپائی ہوئی گندھ، اس کی دیہہ سے
سونگھی ہے میں نے
جس سے لجت ہیں وہ، پر
چپکائے رکھتے ہیں
اپنے مرم اَستھل میں

ہم سبھی اپنی طرح سے اور
اپنی طرف سے سمجھدار ہیں
پھر بھی کسی کھڑکی سے باہر
جھانک کر اُن جانے میں
زخمی ہو جاتے ہیں
جن درشیاولیوں کو ہم
چھوڑ آئے تھے ان کے کھانچوں میں
بنا شرکت کیے ان کی روزمرہ میں،
ہم چلے آتے ہیں، اپنی ایک عدد زندگی
ساتھ لے کر، کھانچوں کے بیچ بیچوں سے
زخمی ہو کر بھی پنکھ پھڑپھڑاتے ہوئے
وہ ساری پتنگ بازیاں
ہماری حوصلہ افزائی کو چلی ہی آتی ہیں

۲۹

ریل گاڑیوں اور جیل گاڑیوں میں
جن کے لیے، جگہ نہیں وہ
ہمارے دل و دماغ پر کب داخل ہو جاتی ہیں
زخموں کو تعویزوں میں ترمیم کرتے ہوئے

اور آدی واسیوں کی طرح چھپاتے ہوئے
ہم اجنبی ملک کو نیست نابود کرتے ہیں

۳۰

دیکھا اڑتی چیلوں کو

دیکھا اڑتی چیلوں کو دن دن بھر
قیامت تک دریا دل
آپ اپنے بیٹے کے ہم عمر بنے

بابل پرُ نم میں لہروں کے
جٹل سلسلے کو
سمجھنے کی کوشش کی
رتیلی دوپہروں میں

پکشی تیرتھ میں ننھکے
پنچھیوں کی پتلی
ٹانگوں کو سہلایا
چاندی کے ڈینوں پر
ریت پر تعمیر کیا
جہاز، سمندر میں پھینکی
مٹھی بھر ریت

۳۱

مری ہوئی بلّیاں
سمندر سے ریت پر
ریت سے سمندر میں
لاچار پھینکتی رہیں
سمندر اور دھرتی
اپنی من مانی میں
ایجاد کرتے رہے
نئے نئے کھیل
آپ نے
دن دن بھر
دیکھا
اڑتی چیلوں کو
خوب
اب
روزمرّہ کی شرن میں
آیئے سکونت قبولیے محلے کی
آپ اپنے بیٹے سے بڑے ہیں
اسے لگ برا دکھایئے

کاشی ناتھ

دیر رات گھر لوٹنے پر
بیوی کہتی ہے
کاشی ناتھ آیا تھا
کُٹی ہوئی تھی بچپن میں
کاشی ناتھ سے

اس کے لگاتار
ساتھ رہنے کے اُپدروں میں
زندگی بیتی
اس کی خوب صورت
قبضوں کے شریر کو
شت وِشت کر
گزر گئی بجلی
زمانے بھر کو
روشن کرتی رہی

پلکوں کے نیچے سے

۳۴

پُلوں کے اوپر سے
کاشی ناتھ کی چھایا پڑتی رہی
ریل گاڑیوں پر
وہ ہونہار تھا
اس کے ہونے کے اوّل
میں اپنی ہونی میں
بکتر بند تعمیر کرتا رہا
مکمل راج دھانیاں
وہ اپنے اپنے تیز تیز قدموں سے
تابڑتوڑ ہاتھوں سے
چہرہ کھوتا رہا
غضب مردم شماری میں
پہاڑوں اور ندیوں کا ہم قدم
آدم زاد کے کوہرے میں بِلا گیا

پُلوں کے اُوپر سے
پُلوں کے نیچے سے
اس کی پھٹی قمیض
بلاتی رہی لمبے ہاتھ
کھمبوں کی طرح
بجلیاں گزارتی ہوئی

کھڑکی سے پردہ

۲۴

سمیٹتے ہوئے
کاشی ناتھ دکھاتا ہے
ہر چٹھی پر
پتا کانپتا ہے
کاشی ناتھ کی لکھاوٹ
کی قطار بند فوج
کیہ کے آسنن آدیش
کی گرفت میں
ساودھان کھڑی رہتی ہے
خالی شان مکان میں
ٹیلی فون کی گھنٹی
گرد اڑاتی ہے
خوب صورت چیزوں کے
اَنتیہ کرن سے

ٹیلی فون پر
بات کرتے ہوئے
ڈر لگتا ہے

بے آواز ہیں
کاشی ناتھ کی
آواز کی آنکھیں
ڈبڈباتی ہیں

۳۵

اطمینان سے
بچھی رہتی ہیں
سڑکیں، سنسان
اندھیرے کی ہمراہ
بلا وجہ اچمبھوں کی طرح
بجلی کے کھمبوں سے
بیوہ روشنیاں
سر دُھنتی ہیں ساری رات

بدمزاج
موڑ پر
کاشی ناتھ
لِفٹ مانگتا
بے کار ہیں !

آسمان تمہارے کتنے تارے

آسمان تمہارے کتنے تارے
تمہیں پریشان کرتے ہیں، جنگل
تم کتنے پیڑوں سے اداس ہوتے ہو
ندی، تمہارا کتنا پانی در کنار ہو جاتا ہے؟

میں آسمان کا سمکالین
تاروں کا ہمراہ نہیں
جنگل کا باشندہ ہوں
پیڑوں پر نہیں چڑھتا
لکڑہارا بھی نہیں

ندی کے مرم استھل کا ساکن
مچھلیوں کے اُلّاس سے غافل

۳۷

کیونکہ سب چپ ہیں

کیونکہ سب چپ ہیں
اداس ہیں
اسی لیے یہ ہنسی ہے
یہ بیچ سڑک اعلان

بہت کترایا شاعر ہونے سے
اپنے سمے میں دائر ہونے سے،
کیونکہ سب خرید فروخت،
چڑھنے اترنے میں لگے ہیں
اسی لیے یہ کونا ہے
آہستہ آہستہ رونا ہے!

یہ انجان درخت، اپرِچِت پھول پتیاں

یہ انجان درخت، اپرچت پھول پتیاں
اجنبی پڑوس
آشنا کیوں یہ ایک سی برن بھری آواز
جھرمٹ کے پیچھے سے

آشنا کیوں یہ ازل سے چھوٹ کر
آتی ہوئی وِسمئے بھری کہانی

آشنا کیوں زمین دوز ملبتوں کے
کچھ آخری ہم سفر

بن پھولوں کے کرشمے شاعری کی گرفت سے باہر
تمام درخت اپنے ناموں سے اوپر اٹھ جاتے ہیں
پڑوسی گورستان کے پار آباد ہوتے ہیں

۳۹

بچپن میں سنی
اَن دیکھی چڑیا کی پکار
قریب اب بالکل قریب

برہنہ ہوتی ہوئی جھاڑی
اپنے آخری ڈراو میں
زخمی ہوتی ہوئی

زخموں کے کئی نام (شاعری) سُدیپ بنرجی

۴۰

سائیکل کا پہیا لیے

سائیکل کا پہیا لیے
کھیل رہے ہیں بچے، ان کے کھیل
کے بھیتر سے گزرتی ہے بکری

اُن کی پیٹھ کے پیچھے سے سورج
مدھیانہ کی طرح مخاطب
پہیے کے بھیتر سے منہ نکال
بچوں کو سکھاتا ہے شرارت

بکریوں کے بیچ سے نکلتا
ہے پہیا، پھنس جاتا ہے جھاڑی میں
دونوں طرف سے اُسے کھینچ رہے ہیں بچے

سورج کو مزا آرہا ہے
اِس تماشے میں، اُسی کی میزبانی میں
یہ بچے اسکول نہیں گئے ہیں
اسکول نہیں جائیں گے!

وہ فیصلہ دیتے ہیں

وہ فیصلہ دیتے ہیں
ایک بڑی کتاب لکھ دیتے ہیں،
بات بات میں

اور تمام محلہ بے خبر
پڑھتا رہتا ہے کوئی نہ کوئی اخبار

اور شہر کے شہر سے
چھپ چھپ کر جو بسے ہیں شہر
فاصلے پر اس سب کے

یہ نہیں کہ وہ لاحرکت ہیں
گو کہ چھپے ہیں

وہ بھی فیصلہ لکھ رہے ہیں
دیو نہیں دانو ناگری میں
کھڑی نہیں۔ تیز طرّار بولی میں !

ایک سوراخ سے دیکھی ساری دنیا

ایک سوراخ سے دیکھی ساری دنیا
ساری دنیا اس سے ڈری ہوئی

تمام لوگ لفافے کھول رہے ہیں
کتابوں کے پنّے پلٹ رہے ہیں
پیش کار چلّا رہا ہے اس کا نام

کسی کو نہیں معلوم
اس نے کیا دیکھا
کسی کو نہیں معلوم
اسے کیا کہنا ہے

بستیوں، بازاروں اور بندرگاہوں میں
ہلچل ہے، گھر گھر کے دالانوں
میں کھلبلی،
زمانے بھر کی کچہریاں بے چین
دیگر معاملوں میں مدعی پریشان

۴۲

کون ہے یہ شخص، جس نے دیکھا سب کچھ ؟
کب اس کی شہادت کی باری ہے ؟
کیا کہہ دے گا وہ خلوص سے ؟
کون سی بات چھپا جائے گی ؟

یہ کیسا انتظام ہے کہ
سوراخیں رہ جاتی ہیں تعمیروں میں
تہذیبوں میں کائنات میں
کوئی سرپھرا آکر دیکھ لیتا ہے سب کچھ
پھر کسی کو کچھ بتلاتا بھی نہیں
یہ وعدہ بھی نہیں کرتا کہ یہ
منہ نہیں کھولے گا قیامت تک !

۴۴

میں کھڑکی کے باہر دیکھتا ہوں

میں کھڑکی کے باہر دیکھتا ہوں
اور چپ ہو جاتا ہوں

ان سے باہر اڑتے ہوئے آسمان کو
نزدیک کیے، بیت گئے وہ
اَن گِن دن

میں دیکھتا ہوں، کھڑکی کے باہر
اور اپنے بھیتر کھولتے ہوئے
ایک انتہہ کرن

جو خالی ہے، بالکل خالی ہے
رہائشی نہیں کبھی، تجربے آئے اور
چلے گئے، ساکن نہیں کوئی بھی کرشمہ

۴۵

میں کھڑکی کھولتے ہوئے ڈرتا ہوں
وہ بھیتر کھُلتی ہے
خالی کمرے میں
یا ہر جمع بھیڑ کو
میں سَمبودھت کرتا ہوں

نت نئی زبان میں
چُپ ہو جاتا ہوں !

کہا پھول تو

کہا پھول، تو خوشبو
آری کی طرح چیرتی
چلی گئی، فتح کرنے
دور نت آسمانوں کو

بغیچے کا نام لیا
وہ شہر چھوڑ، داخل
ہوا جنگل میں

جنگل کو کیا کہیں
سوچتے ہی دُھو دُھو کر جل اٹھے شجر

مغرور باتیں پہناتے ہوئے
آپ ٹھگے کھڑے رہ جاتے ہیں
ساری دنیا دائیں بائیں سے نکل جاتی ہے
لگ بھگ زخمی کرتے ہوئے پہلوؤں کو!

۴۷

ساری کہکشاں پردوں میں نہاں

ساری کہکشائیں پردوں میں نہاں
تاروں کا پتہ نہیں
سورج کچھ بھی نہیں چھوڑ گیا ہے
اندھیری دھرتی پر رحم کر
نہیں، ایک کالا چندرما بھی نہیں
پر رات ہے
زندھر زندھر میں اندھیرا!
اس پورے زمانے میں
ملک میں
ہم دیکھ نہیں پاتے ایک دوسرے کو
اپنے اپنے انتہ کرن میں مشغول
ہم نہیں سن پاتے کوئی آواز
کسی کو پکار نہیں پاتے اس کے نام سے
اس طرح ہم ملک ہیں
ہم زمانہ ہیں
اس طرح یہ رات ہے
اس قدر یہ رات ہے
پھر بھی کچھ ساہس جٹا
اندھیرے میں ایک کھڑکی کھولتا ہوں!

تمام ندیوں کا انت

تمام ندیوں کا انت ہے
اس صدی میں
ڈھلانوں پر گھاؤ ہی گھاؤ ہیں
رِستے ہوئے
آنلیوگرین سمندروں میں
یوُفریٹیز، ٹائگرس، گنگا، سرجو
حیران

بوڑھی ہتھیلی کی ریکھاؤں کی طرح
سوکھے پڑے ہیں پاٹ
بچے بھوش کے ترجمے کو فالتو کر کے

آدم زادوں اور آدم خوروں کے اس زمانے میں
انت ہے ندیوں کا

صرف ایک بوڑھی عورت
کھڑکی کے باہر ٹوہ لیتی ہے
حیران آنکھوں سے بغداد میں

۴۹

کپڑے لتے کی میلی گیند ایک
گرتی ہے ایودھیا کی شُت وِشت چھاتی پر
تباہ صدی نہاتی ہے گنگا میں

مُہانوں کی آخری ماتم پرسی سے
تمام بیٹے، ناتی پوتے ہمیں روک رہے ہیں
دادا دادی، نانا نانی مانگ رہے ہیں دعائیں!

۵۰

زخموں کے کئی نام

آکسفورڈ سرکس میں
کوڑیوں کے مول
بک رہا ایشوریہ
شہر در شہر
فتح کرتے آپ
اب پہنچ ہی گئے ہیں
اپنی آخری منزل تک

اپنی دنیا میں ساکن ہوتے ہوتے
دِکھو جاتی ۔ اسی بیچ، کانی کوڑی
پوری تجویز کو محض
اشتہار بناتے ہوئے

پھر آپ اپنی قرینے سے سجائی
زندگی میں داخل ہو جائیں ہمیشہ کے لیے
دن چڑیاؤں سے ڈھانک لیں جنتاؤں کو
اغل بغل جھانکتے بن پر سٹرک چلتے

۵۱

زخم کسی نئے نام میں ہرا ہو جائے گا

دیوار کے رو برو رہ کر
کاٹ دیں گے رہی سہی
رحم کرے گی دنیا
اپنی چہار دیواری میں

کہیں سے کھسکے گی پپڑی
تازے خون سے شرابور ہو جائے گا
تہہ خانہ
زخموں کے کئی نام
ان میں ایک لندن

۵۲

منوہر لال کے بارے میں

وہ میرے سامنے بیٹھا رہتا ہے بزرگ وار
کبھی کبھی لگتا ہے
وہ فرنیچر کی پالش ہے
ہم ایک دوسرے کو بھانپتے رہتے ہیں
ایک دوسرے کے بڑھاپے تک

دولت گنج مڈل اسکول سے باتیں
نالندہ، تکشِشلا، آکسفورڈ، پرنسٹن تک
ان کہی رہ جاتی ہیں، ان سنی ہوکر
مہلت مانگتی ہے تہذیب سے
دعا دیتی ہیں ادیب کو

پھر وہ تھک کر چلا جاتا ہے
میں بازی جیت کر تھک جاتا ہوں

میں نے اکثر سوچا ہے منوہر لال کے بارے میں
اور دکھی ہے! وہ، میری اس سوچ سے بے خبر

۵۴

ہاتھ ملایا ہے جاتے وقت۔ ہنس کر کرسی کی طرف
اشارہ کیا ہے اس کے آنے پر
اس کی بھی کوئی نستی ہو گی میرے بارے میں
جس میں وہ لگاتار نتھی کیے جا رہا ہے
میری کلرک کالر۔ کرسی میں پیچھے دھنس کر
کمرے پر قبضہ کرنا۔ ٹیبل پر کوہنیاں ٹیک
اسے خاموش کر دینا۔ اس کے آنے پر ہنسنا
جانے پر خوش ہونا

وہ شاید آج کچھ کہنے آیا تھا
میں نے اسے بتلائی کمرے میں رکھی
شال بھنجکا کی مورتی کو۔ جو گیارس پور سے
اُوب کر پلاسٹر میں قید ہو گئی تھی
اور میری کھڑکی نئے پردوں کی پوشاک میں
کس طرح سڑک پر کھڑی رہتی ہے اِن دنوں
پھر اکیلے میں ٹیبل پر کھڑی ہو جاتی ہے

پیلا درپن بن کر معصوم کھڑکی
جس کے نیچے پارے کی طرح پھیلے رہتے ہیں آ گنتک
وہ آج شاید کہنا چاہتا تھا پڑوس کے بارے میں
اسے میں نے بتلائی اخبار میں چھپی تصویر
بھارت بھون کی! سُرخیوں پر چشمہ جھکائے
وہ دیر تک ڈھونڈھتا رہا عمارت کو

۵۴

وہ کہنا چاہتا تھا کچھ
اس کے بچّے کے متعلق شاید
کوئی لیکھ لکھنا چاہتا تھا میرے لیے
اس کا مانگا ہوا پانی آنے سے پہلے
وہ چلا گیا
لگ بھگ کبھی نہ آنے کی طرح
چلا گیا !

کافی مرچکے

کافی مرچکے
پھر بھی تمام نہیں
کسی کا بھی کوئی نام نہیں

ایک ہوائی جہاز منڈراتا ہے
گدھ کی طرح جھپٹتا ہے
ادھر اُدھر خبروں کی طرح
پھیلتی ہے زرد گندھ
زندگی کا دام نہیں
فی الحال انتقام نہیں

مردم شمار

تم ابھی ابھی تو ہوئے تھے مردم شمار
بڑا احتیاط برتا تھا انتظامیہ نے
کہیں تم چھوٹ نہیں جاؤ ہم وطن ہونے سے
اپنے ندی نالوں، پہاڑوں جنگلوں میں چھپے ہوئے
اس دس سالانہ گنتی کو تہس نہس کرتے
تم اپنی جہالت سے مجبور
صبح شام مر رہے ہو
بلا بات، بے سبب مر رہے ہو
مردم شماری کے نمایاں ہونے تک رک سکتے تھے
جشنِ سیاست کے تھم جانے تک تو رک سکتے تھے
مندر مسجد کا معاملہ اُلجھ جانے تک تو رک سکتے تھے
بیماری تو خبر پہنچ جانے تک تو رک سکتے تھے!

زخموں کے کئی نام (شاعری) سُدیپ بنرجی

ایک بوڑھے کو وِدا دیتے

ایک بوڑھے کو وِدا دیتے
وہ سب فلک کی اُور مخاطب
دیکھتے رہے تاروں کی بساط
چاندنی کا کفن
پوری دھرتی کو سمیٹے ہوئے

جواں مُردوں تک کی چتاؤں سے اٹھتی لپٹیں
دلّی، بھوپال تو کیا
رائے پور تک بھی پہنچتی نہیں
اس ایک مٹھی راکھ سے
منہ میلا نہیں ہوگا چاند کا
ستارے چھوڑ نہیں دیں گے اپنی پریکرمائیں

کچہریوں حاکموں کی لاکھ سنوائی سے
پرے بہتر ہیں، ندی نالوں پہاڑوں
جنگلوں، گونگے آسمان کی
انادی کال سے چلی آرہی اَن سُنی

۵۸

اور کیا پھر حاکموں کے لیے
گائیں گے، ناچیں گے رات رات بھر؟
نہ اُن کا ہنسا اُن کی خدمت میں
نہ اِن کا وِلاپ اُن کی اجلاس میں

ان کو مبارک ان کا بڑپن
انھیں غافل رہنا ان کی رہنمائی سے
سیاسی آشنائی سے

اتنی اتنی موتوں کے بعد بھی

اتنی اتنی موتوں کے بعد بھی،
اتنی بڑی چٹپٹی، ایسا پہراوا !
ایسا چال چلن !

اکڑتے ہوئے آنا، اکڑتے ہوئے چلے جانا
کچھ آنکڑوں کے مانسل ٹکڑے بین کر چلے جاتا

میں نے دیکھا ہے ایسوں کو اکثر
سب بے خبر ہیں
اپنے اپنے دھندھوں میں مشغول
اتنی تباہی کے بعد، اتنا بڑبولا پن !
اتنے جشن اُتسو، اتنے اشتہار !

ہم سب سمکالین ہیں ان سب کے، ہمراہ
جرائم پیشے ہیں، یا چشم دید
خاموشی کے گنہگار

۶۰

پر اور بھی ہیں جو ابھی شائع نہیں سڑکوں پر
پوری طرح حرکت میں تو نہیں، پر زمین دوز بھی نہیں

ابھی کوئی نہیں دیکھ رہا ہے
کوئی نہیں سن رہا ہے انھیں
ان کا زور شور سے چپ رہنا
دھیرے دھیرے چلّانا

اس وقت اسکول جارہے ہیں بچّے

اس وقت اسکول جارہے ہیں بچّے
اپنی جیسی بھی جاہل دن چڑھا ہے
اُس میں کچھ حوصلے سے ہی داخل ہورہے ہیں
وہ بھی بچّے، جس کے لیے اسکول ابھی کھُلا نہیں ہے

وہ سبھی سورج کے ہم دم ہیں، ہم رقص ہیں اس وقت
تم ابھی تعمیرِ ملک شاندار تجویز کو
بس اسی وقت مت آزماؤ، نسیم کو مت بھاری کرو
تمہارے کرشموں سے، جے۔ جیکار سے۔
تھوڑی دیر کے لیے ہی سہی بنے رہنے دو
اس دھرتی کو ان بچّوں کے نصیب کی گود

پھر تو تمہارا پورا دن ہے
ماس ہے، سال ہے، صدیاں ہیں
پورا اتہاس ہے رتھ یاتراؤں کے لیے
رام رکھتا ہے سب کو، پھر بھی
رام کی رکھوالی کا تمہارا دعویٰ

۶۲

ہمیں تسلیم، اسی وقت مت مانگو
مچلکا ہم سے ہمارے نیک چلن کا
اس وقت کروڑوں ماتائیں روٹی بیل رہی ہیں
کروڑوں پِتا لَوٹ رہے ہیں
کھیتوں، کارخانوں۔ دفتروں سے رہی سہی روشنی کو
اپنے عزیزوں کی خاطر نثار کرنے
تمہارے لیے پڑا ہے پورا زمانہ، بس اسی وقت
تھوڑی سی مہلت دو خدا کے واسطے
یہ مدّعا مت اٹھاؤ
کہ رام کا مندر کہاں بننا ہے۔

ایک اور بچّہ مر گیا

ایک اور بچّہ مر گیا
گنتی میں شمار ہوا
تمام محنت سے سیکھے لکھے
پہاڑے، گُنا، بھاگ دھرے رہ گئے

شہر کے اسکول سے جاکر
سیکڑوں ننگ دھڑنگ بچّے
رقص فنا میں شریک، گو کہ تھوڑا شرماتا ہوا
آخر کار آدی واسی بن گیا
کوئی تارا انگشتر نہیں بنا فلک پر

اتنی چتائیں جل رہی ہیں
پر روشنی نہیں، تھوڑی گرمی بھی نہیں
اتنے ہو رہے ہیں زمیں دوز پر
بھوکنپ نہیں

ابشور ہوتا آدم قد تو

زخموں کے کئی نام (شاعری)
سُدیپ بنرجی

۶۴

ضرور اداس ہوتا
یہ سب دیکھ کر
سر جھکاتے چلا گیا ہوتا
پر آدم قد آدمی بھی تو نہیں
ایشور کا کیا گلا کریں
صرف شاعری کی مجبوری ہے
دعائیں مانگنا یا شراپ دینا
ان نیر ایشور بکھرے کو
بلا وجہ وطن کو

جنگلوں کو چیر کر
آتے نہیں دیکھتے کوئی دھنرُدھاری
آکاش ریکھا پر کوئی نہیں گدا دھر

کیوں ان کے انتظار میں غافل
میں خود کو نہیں بخشوں گا سکون
اس ملک میں بچّوں کے وجود سے
بے خبر بے زباں!

ڈر لگتا ہے رام

ڈر لگتا ہے رام
تمہارے نام کی لوٹ سے
ہم بھی باشندے ہیں
اس بے حیا ملک کے
کالی داس تمہارے سُوریہ پُربھو ونش کی
چرچا کرنے میں اپنی متی کم پاتے تھے۔
ہچکچاتے تھے، اُسے موہ وَش

مہا ساگر کو نَوکا سے پار کرنے کا
دُستاہس سمجھتے تھے
اب اس ملک میں رتھوں کے مُکھوٹے پر سوار
ہم تمہاری وَنش گاتھا کا وِستار کر رہے ہیں
جوڑ رہے ہیں اس میں
جنم بھومی کے کام میں لگے
رام کے ان جدید بچّوں کی خون سنی تاریخ
تمہارے سُوریہ پُربھو ونشج
اب کیا قہر ڈھائیں گے پتا نہیں

کالی داس رُک گئے تھے اگنی وَرن پر
رگھو ونش کا وہ آخری منحو ہی
اتنا خوفناک تھا
ہم پتا نہیں کہاں تک اور گریں گے
ان و نشجوں کے ساتھ
ایودھیا کے راج کی خاطر
ایک منتھرا کے کہنے پر
تمہیں ملا تھا چودہ برس کا بن باس
تم چھوڑ گئے تھے اپنی پادُکا ئیں
اب پوری بھارت کی حکومت کا سوال ہے
ضرورت ہوئی تو پورے تری بھون سے کھدیڑے جاؤ گے
نِشکاسِت ہونا ہوگا چودہ سو برسوں کے لیے

اس بار چھوڑ جاؤ گے اپنی پادُکا
یا پھر پوری دیہہ کی شَت وِشَت
چھوڑ جاؤ گے اپنی پادُکا
عیسیٰ کی طرح
عیسیٰ کا صرف خود کا خون بہا تھا
تمہارے ساتھ بہے گا کیا
گلی گلی میں ملک کے
ہر نکڑ پر خون

پر ہاں وہ بھی تو تمہارا ہی

۶۷

خون ہے اور کس کا ہو سکتا ہے رام

پر ہمیں معلوم ہے تم
نشکاست کیے جاؤ گے

چودہ یا چودہ سو برسوں کے لیے
ایودھیا یا پوری سرشٹی سے باہر
بن بن مارے پھرو یا صلیب پر چڑھو

تم لوٹو گے ضرور
دیوالیاں لوٹیں گی پھر
اس ملک کی لگ بھگ
اَنت ہین رات میں

۶۸

پہلے بھی وہ من مانی کرتے تھے

پہلے بھی وہ من مانی کرتے تھے
ناانصافی کرتے تھے، بے ایمانی کرتے تھے
پر تیج تیوہاروں پر خدا سے ڈرتے تھے
اب یہ ہیں روز رام کی دُہائی دیتے ہیں
اور بیچ سڑک خون خرابہ کرتے ہیں

پہلے بھی وہ لگ بھگ یہی سب کرتے تھے
کبھی کبھی تو اس سے بھی بُرا
پر انھیں ایسا کرتے ہوئے شرم آتی تھی
کبھی کبھی کرتے ہوئے رُک جاتے تھے
آہستہ پیروں سے چلتے تھے، کھُسر پھُسر کرتے تھے
چار لوگوں میں منہ چھپاتے تھے

پر اب یہ آئیں ہیں، گو کہ باقی سب گزر گئے
انھیں کسی بات پر ہچک نہیں آتی
زور زور سے ہر چھت سے چلاتے ہیں
سڑکوں کو روندتے ہوئے مارچ کرتے ہیں
انھیں کسی بات کی شرم نہیں آتی
آئینے میں اپنا چہرہ دیکھنے پر بھی نہیں!

یہ آسان تو نہیں

یہ آسان تو نہیں
لفظوں کو پھینکنا طاقت سے
اور پھران کو سمیٹنا قرینے سے

آہستہ آہستہ گُنگنانا
پھر سرِ عام معافی مانگنا
دِل کھولنا خلوص سے
پھر جلد بند کرنا گھاؤں کو

یہ آسان تو بالکل نہیں
پر باری باری سے یہی ہوا چلا ہے
ہاتھ بڑھاتے ہوئے، پیر روکے ہوئے

اس نفاست کا نہیں کوئی رحیم
اپنی رفتار سے قابض ہوتی ہے
منہ چڑھاتے ہوئے حقیقت

زخموں کے کئی نام (شاعری) سُدیپ بنرجی

۷۰

بھیتر اور باہر بھی لہولہان
چلّا اٹھتا ہوں
پُران پَن سے پکارتا ہوں
دوستوں کو، اجنبیوں کی بھی

جو بھی چلّا سکتے ہو چلّاؤ
اپنی زمین پر چلّاؤ
گڑھے میں گر کر چلّاؤ
چھتوں، میناروں پر چڑھ کر چلّاؤ

میں اپنے دوزخ میں نہیں،
زمانے میں سزایاب ہوں
آہنی کڑیوں کا یہ شور
ہم سب کے روزمرہ پیرہن سے اٹھ رہا ہے

ہم سب ہم وطن ہیں دوستو
ہم سب ہم کفن ہو جائیں گے دوستو
تھوڑا وقت اب بھی باقی ہے
جس طرح بھی بنے چلّاؤ
اپنے بچوں کی خاطر ہی چلّاؤ
یہ صدی بہری ہے کوئی بات نہیں
اگلی صدی کے کان میں چلّاؤ

۷۱

جھجوں، چبوتروں جھروکھوں میں سب حیران
جنھوں نے اب تک مجھے سلیقے میں دیکھا تھا
جو مجھے اب تک اپنا تو شاید نہیں
پر اپنا سا تو ضرور مانتے تھے
میرے کلیور میں کچھ بھی الگ نہیں
ان کی حیرانی نہیں جاتی
یہ کون تھا ہمارے بیچ رہا ؟
شرافت کی اُوٹ میں چھپا رہا ؟

پڑوسیوں کی خاطر شرم کر
بڑے بوڑھوں پر تھوڑا رحم کر
سمیٹنا ہوں لفظ در لفظ
چیت کارکے ٹکڑے

محلّے پر اب مجھ سے چوکنا رہنا ہے
بچے چھپ چھپا کر دیکھتے ہیں،
کیسے اس نے سینگوں کو چھپایا ہے ؟
اس کی ایڑی سامنے ہے یا پیچھے ہے !
بلی ہاری دنیا داری
نا رہ پایا بھلا مانُس
نہ ہو سکا شاعر ہی
لہٰذا چلاّ رہا ہوں
پسِ مرگ بھی چلاّ رہا ہوں

آپ لگاتار

آپ لگاتار ریہرسل کرتے رہتے ہیں
بھومیکاؤں کے بھیتر بھی جاری رکھتے ہیں تیاری،
ریہرسل کرتے رہتے ہیں اپنی اگلی بھومیکائیں

رُوزمرّہ میں اَن مَنے سے جُٹے ہوئے بھی
بھولتے نہیں ہیں لگاتار کمر کسنے کی تیاری
کس طرح دیکھیں گے، کس طرح اٹھائیں گے ہاتھ
کس طرح شبدوں کو بے ترتیب طرح سے بچھاکر
پیدا کردیں گے اِندرجال

آپ اپنے آپ سے بڑے ہیں
اپنے معقول ابھینے سے کھڑے ہیں

پر ریہرسل میں مشغول کبھی کبھی
آپ کو پتا بھی نہیں چلتا
کہ موقع آیا اور چلا گیا
پردہ اٹھا اور گر گیا چلے گئے درشک

۷۴

اور آپ خالی سبھا گرہ میں
دوسرے ناٹک کی شیش رہی پنکتیاں
بڑبڑاتے آتنکت کرتے رہے دیواروں کو

دوسرے موقع کے لیے سنجوئی شبداولی وِیرتھ کیے
دوسرے ملکوں کی ریزگاری سے خرید و فروخت کرنے کی کوشش کی
ہاسیہ پد ہوئے پر کوئی نہیں ہنسا،
آپ بھی نہیں اور جاری رکھی ریہرسل

اور پھر کبھی دائیں بائیں نہ دیکھ کر
جو بھی سامنے آیا اس پر جڑ دی آپ نے
تیار کوئی بھی بھومیکا، موقع موزوں نہ ہوتے بھی
دھماکے کے ساتھ شبدوں کو جھونک دیا
اِرتھ کرنے کے لیے معصوم موقع پر
بے چارا دُبک گیا کسی کونے میں
ڈرا سہما یا اُپکرت چمتکرت آپ کی
غضب کی بھومیکا
آپ جاری رکھیے اپنی ریہرسل
پر جان رکھیے جب تک آپ
سو فیصدی درست نہیں، تب تک ہی
زندگی باقی رکھے گی، آپ کے لیے
زیادہ نہیں، پر سر چھپانے لائق جگہ

پھر آپ نے

پھر آپ نے خود کو دیکھنا شروع کیا ہے
یہ بھی موسم ہے، ہر برس تو نہیں
پر اس کا بھی بدستور آنے کا رویہ ہے

خود کو دیکھنے سے اوجھل نہیں ہوتی دنیا
اور بلند ہو جاتی ہے اس کی پینترے بازی

آپ کیوں باہر نہیں نکلتے اور
اور دیکھتے ہیں درختوں کو
آواز نہیں دیتے دوستوں کو
ٹھیلے والوں سے نارنگی کے دام نہیں پوچھتے

نہیں، پر آپ ابھی خود کو دیکھیں گے
نارنگی کے چھلکوں کو
انتر نگ میں پھینکیں گے

زخموں کے کئی نام (شاعری) سُدیپ بنرجی

۷۵

پکھواڑے بھر کی اداسی سے اوب کر

پکھواڑے بھر کی اداسی سے اوب کر
گھر کے باہر نکلا تو بھٹک آیا اس چوک میں
جو گول ہو جاتا ہے، چوک تک پہنچتے پہنچتے
اور بھی کافی لوگ تھے مہینہ بھر خوش مزاج،
پندرہ دن شکر گزار یا سپتاہ بھر اُتیجت
جنم اور جنم جات دوکاندار تھے پھلوں کے ٹھیلے لگائے،
جوتوں کی قطاریں پھیلائے، رنگ برنگے کپڑے
ٹنگے ہوئے پتلوں پر کاجو کشمش کی برنیاں
اور بھی جانے کیا کیا چوراہے پر
جو چوک بنتے بنتے گول ہو جاتا ہے بیچ میں ...

دھوپ پھیلتی ہے آدھے دوکانوں کی روشنی میں
شرابور کرتی ہوئی، میری چہل قدمی سے
خوب صورت لہلاؤں کے گودرج کتوں
کو بھونک دِلوانا ہوا بنا دام
خونچے والے سے
میرے پاس خود کا بیچنے کو کچھ نہیں ہے اور

چھدام بھی نہیں ہے اس روی وار کے سُنس کو
دو کوڑی کی چیزوں سے مالش کرنے کے لیے .....

پکھواڑے اور شاید کچھ گھنٹوں اوپر کی
اداسی سے آتما پختہ ہوتی ہے اور
گن سکتی ہے تمام دوکاندار خریداروں کو
تمام ہوتے ہوئے ایسے ہی، بلا وجہ دھوپ میں

میں خالی ہاتھ واپس لوٹ جاؤں گا
اپنے بی بی بچے کے زمانے میں، جوان دلوں
پا شان کا لین پا شان پر مصالہ پیستے ہوئے .....
شکار ہو چکے ہیں، ہمیشہ کے اُچھے ہیں .....
ایسا زمانہ ہے !
مجھے لگتا ہے اس راشٹر کی جن گننا میں
میری ڈیوٹی ہے ان دوکان داروں کو گننے کی
حالانکہ اس شہر میں خریدار ہی زیادہ ہیں
ممکن ہے میں اپنے بچے کو وراثت میں دے جاؤں
اس مردم شماری کا میرا بزدپائے حوصلہ
اور شاید ۱۹۹۱ یا سال ۲۰۰۱ میں جاکر
میرا بچہ گنے ان سب لوگوں کے دانت

چوک جہاں پر گول ہونا شروع ہوتا ہے وہاں سے
شروع کر میں نے سات لوگوں کو گن ڈالا تھا

"

لگ بھگ اتنے ہی سال میں کی سہما
اس کے دو مہینے اداسی سے حوصلہ بلند کیے
اس پھُگّے والے نے مجھے ہی گن ڈالا اپنے
بائیسویں برس کی برسی پر!

مجھ سے ڈیڑھ مہینے زیادہ پھگّے والے کو
کیسے سمجھایا جا سکتا ہے میں باشندہ نہیں ہوں
اس شہر کا چاہے یہ دلّی ہو،
میرے پاس بیچنے کو کچھ نہیں ہے
اور میں نے اُپارجن نہیں کیا ہے کبھی
پیسے کوڑی کا!

وہ مجھ کو گن چکا تھا تقریباً کہ میں نے
اسے روک کر بتلایا میں اپنے پچھلے
سالوں سے بھی کچھ انچ لمبا ہوں، میرے مکان
پر پہنچ کر محلہ حیران ہو جاتا ہے
میرے پیروں کے وزن سے دھرتی دھنس جاتی ہے
اور ناخنوں سے اُگ جاتی ہیں
کیکٹس کی جھاڑیاں
اس سے پہلے کی مجھے مردم شمار کرو
ان دیکھا مت کرو میری انگلیوں کے
غیر مضراب کو
وشواس کرو میں نے کئی صدیاں سے چھیڑ دی ہے

فائل پرستی ! ورَگی کِرت وِگیا پنوں میں اب
میرے لیے یا میرے بارے میں کچھ نہیں چھپتا !
یہاں تک کہ میرے پڑوس میں نہ کوئی
عورت بازی کرتا ہے، نا ہی اخبار پڑھتا ہے
پر پھر مجھے دھیان آیا وہ پر گنک نہیں ہے
سینسَس کا، پھگلے بیچتا ہے اتواروں کو
سوموار کی صبح تک میں خرید نہیں پاؤں گا
پھگلے یا اور کچھ میں لگ بھگ پرایشچت میں
اداس سے تھوڑا زیادہ اُداس
میں بھٹک جاتا ہوں ایک اور دلچسپی میں....
گیتا پریس کی کتابیں جہاں بکتی ہیں، اُدھر
میری پیٹھ کرنے سے، میری پیٹھ دکھائی دیتی ہے
مذہب کی طرف ! مذہب نے جو لکھا ہے
میری پیٹھ پر وہ کب پھرے گا چوک کی
طرف ؟ مجھے کیا یاد آئے گی دس مہینے
پہلے کی گیتا بنا نہائے ہوئے اس
بیچ کے وکیت اجاڑے ہیں ؟ مجھے معلوم ہے
میں نہیں بھول پایا ہوں میری ماں کو
دس مہینے مر کر دس مہینے اَمر
جو دن رات دن چڑیا میں
سیندھ لگا کر گھس آتی ہے، اب پوری
طرح میری ماں بن کر ! لوٹاتی مجھے میرے
بیوی بچے کے پاس ! بنانا چاہتی رہی ہے

۷۹

مجھے میرے بچے کا پتا ! میں نراش
نہیں کروں گا تجھے اپنے بیٹے میں ! میرا موقع
آئے گا اور میں بھی اپنے بچے کا پتا بنوں گا
مجھے معلوم ہے بھگتے والے لے مجھے شمار کیا
ہے خریداروں میں ! بتاؤں میں
میں لگ بھگ پر ایشچت میں، اُداسین سے زیادہ
اداس، میں خریدوں گا تمہارے بھگارے
واپس لوٹوں گا دفتر میں، فائیلوں کے
شرن گت ! اپنے بیوی بچوں کو نکال کر
یا شان کال سے سونپوں گا یہ بہیوں والے سال !
منٹ اور سیکنڈ والے یہ دن
روی وار والے سپناہ میں واپس لوٹوں گا
چوک تک پہنچتے پہنچتے گول ہو
جلتے ہوئے بازاروں کو رودوں گا
اپنی نالوں سے ! رونق کروں گا تمام
ملک کے مجمع کو ! یہاں تک کہ
بھوپال کو بھی نیست و نابود کرتے ہوئے
اپنی جسم فروشی اور جنسوں کی خریدی سے

۸۰

نیند سے اُٹھ کر

نیند سے اُٹھ کر
پورے بغیچے میں دم بھرتی
وہ درخت کے نیچے جاکر کھڑی ہوگئی
اپنی ہی گائے کی طرح
تقریباً پو پھٹنے کے
واپس اس کھڑکی کے کپاٹ
کھولتے ہوئے ڈر لگتا ہے
وہ وہیں پر ہوگی
بغیچے کے انتہہ کرن میں
بلی کی طرح دُبکی
پالتو بلی کی طرح
اپنی ہی پرچھائیں پر
جھپٹتی ہوئی
بارش طلب اندھیرے کے
شُشک گھاٹ کی سیڈھیاں ناپتی
نیند سے اٹھ کر
وہ گیلی لکڑیاں
سُلگانے لگی،
پو پھٹنے سے آتش
دوہتی ہوئی....

سنسان پٹریاں

سنسان پٹریاں
طے کرتی دو پہری
جون تک چلی جائے گی
پہیوں پر سوار

ہمراہ شاعری کی آنکھوں میں
شجر، انبھرے، جنگل
تعمیر ہوا
ہرن شیر بھالو سبھی
اکٹھے ہوئے ڈھیرے ڈھیرے

کھلی جیپ میں سوار
نکلا جنگل سے
بندوق لیے دونالی

دُھوسر اور گُم ہوتی ہوئی
چیزوں کے بیچ، واپس لوٹا

۸۲

اکیلے گھر میں
پسینے میں لت پت شکاری
چیزوں کو پرکھے
یا بندوق صاف کرے
بدن کو بیمار کر کے
اندھیرے تک، پانی میں

پٹریاں بدلی دُھند لگے ہیں
سرہانے پٹھار پر
چاند ستاروں کا آسمان ٹوٹا
دنا دن روشنیاں داگتا ہوا
ذہنیت کی تیرگی میں
پھیلا ورل پٹھار، لاشوں سے پٹ گیا
تار ٹیلی فون پہنچے
گدھوں کے ڈیروں پر
پسیر ہانے
بستیاں آباد ہوئیں
دھوئیں کے گُچھّے پھنکے
دُھوسر پھیلاؤ میں
مچھلی پٹیاں نکالی
جواں مردوں نے
بُھنا گوشت گھر کی بہوؤں نے
بچّوں نے اڑائی پتنگ

۸۳

رنگین ڈوریاں
الجھی نازک انگلیوں میں
مانجھے کے کانچ نے کھینچی
نئی ریکھائیں ہتھیلیوں میں

شیر، بھالو بھی کھلونے بنے
ننھے منّوں کی خاطر
شمار ہوئے قصّوں کی تکمیل میں
دوپہریاں گزریں، تاریخیں
بدل گئی ریل میں
بجلیاں کوندھیں
کھیل کھیل میں

زخموں کے کئی نام (شاعری)　　　سُدیپ بنرجی

۰۶۴

وہ آہستہ سے آکر

وہ آہستہ سے آکر
دروازے جھانکتا ہے
ٹھیک اسی وقت جب میں کسی
دیگر سورج میں ڈوبا ہوا
پوچھتا ہے آہستہ سے
'کھانا لگاؤں'؟

ویسے تو وہ بھی واجب ہے
جیسے ہر چیز واجب ہے
ہر چہرہ واجب ہے
دیکھا اَن دیکھا سب واجب ہے

پر وہ یہ جو 'آہستہ' سے
وار کرتا ہے یہ کہاں تک جائز ہے؟
اچانک جو آکر پوچھتا ہے
کھانا لگاؤں! بستر کردوں؟
کھڑکیا بند کردوں؟

۸۵

جیسے کہ وہ سب کچھ کر سکتا ہے
جیسے کی سب کام کے صحیح وقت کی
پہچان اسے ہی، جیسے وہ ہی
سَروِنگیہ، سَروتر سَروشکتی مان
ایشور اور شیطان کا
شاملاتی پَرَتی نِدھی

گھر گرہستی کے جمے جمائے میں
چھید کرتا ہوا آہستہ آہستہ
اِس کے پہلے کہ میں پَرَتی کار کروں،
اپنے آچرن کا کَوچ پہنوں
وہ جھانکتا ہے دروازے سے
اور مجھے ڈر لگتا ہے
کچھ سوچتے ہوئے، کہ بیچ میں ہی وہ
آہستہ سے پوچھ لے گا
کیا سوچ رہے تھے ابھی؟
کویتا کیوں لکھتے ہو؟
کب تک مرنے کا ارادہ ہے؟

کھیل کے میدانوں میں

کھیل کے میدانوں میں
مُرچھت پڑے ہیں بچے

کوئی بھی نہیں قدآور
اپنے قدم میں قائم
دِشاؤں کو سوجھتی نہیں ہیں دشائیں

اس طرح مُلکِ حیران کے بھیتر سے
ابھرتا ہے آپ کا پرچم
گدھ کے ڈینو کی پرواز
اس کے پھہرنے میں شمار

مُرچھت ہیں دِشائیں
بچوں کو سوجھتا نہیں بچپن
ابھرتا ہے ایسا پرچم

ہم سب کو اس کی چھتر چھایا کا اعتبار ہے

۸۷

اس کی بلندی ضرور آسمان کو بیدھ جائے گی
دھرتی کے جگر کو چیر کر
اس کا ٹھنڈا مضبوط ہوگا بنیاد ہیں

ہم بھی شریک ہیں اس جلسے میں
گو کہ پہچانتے نہیں ہیں
ابھی رہبر کو ہم

ہم لگ بھگ جے شری رام کہہ کر
اپنی آہوتی دیتے ہوئے ہجوم ہیں کہ
دیکھتے ہیں

اس سب سے ناواقف اور بلا خوف
مُرجھت میدان میں کھیل رہے ہیں
ننگ دھڑنگ بچے کچھ
اپنی پھٹی چڈیوں کا پرچم بناتے
اپنے قد سے زیادہ قد آور پھر بھی
جے شری رام کی اور پیٹھ کر
شیطان کو للکارتے ہیں۔

زمانے کے حاشیے پر

زمانے کے حاشیے پر
دن چڑیاؤں کو چھپائے
وِشہین سانپ کی طرح
پیٹ کے بل گزرتے ہیں
پرائے سمے سے

ایسے ہیں ہم۔ اپنے
اندھیرے میں: اُجالے ہیں
اداسی ہیں، جو کھموں ہیں
تھکے ہوئے دانتوں، مُرجھے ہوئے ہونٹوں کو
ہنسی کی کترنوں سے
سجا۔ سجا کر: پیش کرتے ہوئے
عزیزوں ہیں۔ اجنبیوں ہیں

پرائے سمے ہیں
ہم معافی مانگتے ہیں۔ ایشور سے
سب منتر سب چمکدار شبد

۸۹

ہمارے پاس نِشّبد ہاہاکار ہے
پوجا کے لیے نہتے ہم
پربھو پکاریں تمہیں کس نام سے
سب ان کے ہیں اب
ان کے سپے میں
وہ چلا چلا کر
عبادت کر رہے ہیں
ہماری چھاتیوں میں چھید کرتے ہوئے
وہ ہماری خدمت کر رہے ہیں
گونگے آسماں کو بیدھتے ہوئے

بڑے بڑے دھرم گرنتھوں، مہاکاویوں کو
کھوٹی ریزگاری میں تبدیل کرکے بھی
دے پورا بازار خرید جاتے ہیں

ہم ایماندار رُچیتی کو بھی
چھپائے پھرتے ہیں ان کی آنکھوں سے
اپنی روزمرّہ ضرورت کے لیے بھی

۹۰

تمہارے لیے لینے والا نام نہیں
رہا۔ اب ہمارے قبضے میں
ایشور اب نئی دیہہ دَھر دیا
پیغمبر بھیجو یا
کم سے کم نیا نام کرن کرو
ہمیں کچھ نئے منتر دو
نئی آیتیں دو
ہماری اِنھیں روزمرّہ کی
ہانپتی ہوئی زبانوں میں
کم سے کم اس چھُتّی پر
ہمارا قبضہ سلامت رکھو
جس میں ہم تمہیں ایک
اتنیت بچی گھاؤ کی طرح
سہیج سکیں
اپنے سمے کے مُیسّر ہونے تک

آدم خور ٹرک

(۱)

اسباب ڈھوتے ٹرک
دھیرے دھیرے آدم خور
پہلے کُتر کُتر کر ڈرائیور کو،
پھر نگل لیتا ہے
جنمُ جات چُپتی ہیں
رمے ایک بالک کو

دوسرے شہر ہیں،
انڑتی صابُن کی پیٹیاں
بھوے گرِستھ
دُھلی قمیضوں پر
خون کے داغ دیکھ کر
سہم سہم اٹھے

(۲)

پِتا کے لیے ٹرک کیا ہے

۹۲

جس نے ذبح کیا ہے
اس کی چھاتی کے ٹکڑے کو

پتا نے دیکھی ہے صرف رفتار
ٹاٹا مرسڈیز بنچ کی جو
تمام راستوں کو نگلتے ہوئے
دروغا، کلکٹر، پردھان منتری بنتا ہوا
راستے ہیں جیسے جیسے گاؤں پڑتے ہیں

ایک بچے کو بلی چڑھا کر
تمام دنیا کے لیے
ذمہ دار ہو گیا ہے پتا

(۳)
ایک دھاری دار ٹرک
گھات میں بیٹھا ہے
اپنی بھوک ماپتا
اٹھ کر چلتا ہے
شہر کو آزمانے

ایک پہیوں والا باگھ
اسی بیچ جنگل سے کود کر
لے جاتا ہے بستی سے

سب سے معصوم بچے کو

(۴)

اتنی چھٹی ہیں، اتنا کہنا
گھر کیے تھا، تاعمر ایک شوخ چہرہ

کھلے گی اب کھڑکیاں
سنسان سڑکوں پر
تاکائنات
آواز در آواز
آگاہ کرتے ہوئے

جاگے گی رات رات بھر ماتا
چُھٹی میں چھپے منظر دیکھتی
جاگے گا رات رات بھر پِتا
پہیوں کے تلے اندر دیکھتا

اس کی کھڑکیاں کھِلکھِلاتے
چسپ ہو رہی ہیں، خاموش سطحوں پر
سنگ و خشت سے پھوٹ پڑتے جھرنے
شرابور ساری دنیا
اتنا کہنا منتظر تھا،
ایک ننھی سی خاموشی میں

اگر جیوت ہوتا۔ تو اس کے ماں باپ
جشن کرتے۔ بیٹے کی اچمبھت کرنے والی
شبداولیوں کا گن گان کرتے

اُس کی طرح آہٹ میں
تمام آسمان کے تعجب
آکاش گنگا ہیں طے کرتے
صدیوں کے قافلے
کھلونوں سے بھرے ٹرک
اور دودھ کے ٹینکر
سن رہے ہیں بالک کی
قصہ گوئی رات بھر

تم نے کتنے بنائے کوی

ہے ایشور تم نے کتنے بنائے کوی
کتنوں کو بھاشا دی ؟
وہ اتنے من منتہ کہ بھول گئے
انھیں دیہہ بھی ملی ، دماغ بھی حاصل
دین بھی بنا کچھ ان کا
دنیا تھوڑی ان کے بھی حصے میں
ان کے بھی ذمے ہیں

سب اِسی بات میں غافل کہ
اُنھیں زبان ملی من موافق
پر بہرہ ملک ملا
لہٰذا ہر منہہ سِلا

ہر چیز کو قابو میں لانے کی
نیست نابود کرنے کی
دُوی دھاگرست شکتی
شور یہ بھرا فریب
برہمانند سہودر

۹۶

ہے ایشور تم نے بنائے اتنے
سخنور
کچھ اور بات ہوتی گر
دی ہوتی انھیں تھوڑی بہت نظر

کچھ کم ہی دئے ہوتے شبد
شیام کو سیام کہتے
غور کو گور
وہی تو ہوتا
اندازِ بیاں اور
ابھی تو اتنی من مانی ہے
گرا اَنین نین بن بانی ہے

یہ گہرا بہت خوبصورت ہے

یہ گہرا بہت خوب صورت ہے
اپنی تجویز بھی بہت گہری ہے
ہمیں اپنی سپاٹ دنیا کے معمولی
جذبوں میں ساکن رہنے دیجئے مگر

آپ نے جو بھی قہر برپا ، ہم نے صرف سجدہ کیا
ایسی کہاں ہماری مجال جو ہم آپ سے پوچھتے
گزشتہ تمام حرکتوں کا حساب
نہیں جناب ہم تو اپنے راستے چلنے والے ہیں

ضرور کرتے آپ کی جھنڈا برداری بھی ہم
جو اگر ٹھیک اسی وقت کم بخت ہمارے
بچے ناتی پوتے ، ہماری گود میں چڑھنے کو
اتنا نہیں مچلتے
اپنے بچکانے منصوبوں میں

آپ کے رام راجیہ کا وعدہ

خوب ہے لیکن، یہ بھی تو
کم سے کم کان میں کہیے
اس میں اپنے آنگن میں ہم گنگنا سکیں گے بلا اجازت
دوستوں پڑوسیوں کی مزاج پرُسی کی منا ہی نہیں ہوگی
اپنے پرکھوں کا شرادھ نہ کر پائیں تو کوئی بات نہیں
اپنے بچّوں کو دعائیں دینے پر پابندی تو نہیں ہوگی
کیشریا سوریہ اُدے، کیا نایاب عبارت
مکمل کر رہے ہیں آپ فلک پر
اُس منظر میں قسمت آزما کر ہم بھی دیکھیں گے
بس اتنی حوصلہ افزائی اور کرتے جائیے
کہ اس کی سرخ آگ یہ بے چاری دھرتی سہہ پائے گی

روح اور بدن کے بیچ اس کی پرچھائیاں
ایک کالا پردہ تو نہیں کھینچ دے گی اننت کال تک
گہری ہوتی ہوئی سازش کی
خوفناک خوبصورتی میں

اُٹھو

سب سیکھ سمجھ سے سہما
چھوڑ دیے گئے، اس ایکانت میں
تمام تعویزوں کے کھو جانے کے بعد
نہتے سمے میں

اس طرح
چھوڑ دئے گئے تم

کیا بچا ہے اس میں سوائے کہ
تم یہ ایکانت نامنظور کرو
ان کے ساتھ ہی اپنا آخری گان گاؤ
اس طرح جب چھوڑ دیے گئے تم
اتنے لوگوں کے بیچ، اکیلے میں

اٹھو، کہ سدبدھی تمہاری جاگیر نہیں ہے
اٹھو کہ سدگتی تمہارا ایکانت نہیں ہے
اٹھو، کہ کویتا صرف تمہارے کنٹھ میں نہیں

زخموں کے کئی نام (شاعری) سُدیپ بنرجی

اٹھو کہ گرہ نکشتر تارا سب تعویز تمہارے
نم ہو گئے نادان تو کیا غم
دانستہ تمام محلے جاگ رہے ہیں
قبر گاہیں بھی محلّے ہیں اب جاگ رہے ہیں
گر بھ وتی اِستریاں بھی بستیاں ہیں، جاگ رہی ہیں
اٹھو کہ تاریخ جاری جاگ رہی ہے
اٹھو کہ کائنات ساری جاگ رہی ہے
اٹھو کہ اٹھنے کو تمہیں ایکانت ملا ہے
اٹھو کہ اٹھنے کو کُھلا آسمان کِھلا ہے

وہ تو آخری درخت

(پرستن شنکر گھگٹ کی اسمرتی میں)

وہ تو آخری درخت
اپنے آس پاس کے سپاٹ سے
گھبرایا ہوا

آری سے بحث میں مشغول پھر بھی
سوکھی پتیوں سے پسینا پونچھتے ہوئے
وہ اکیلا درخت

مخالفت کرتا ہے
اپنے آس پاس کے سپاٹ سے
چونکا ہوا
وہ آدمی درخت

ندی

بِنا کام کی ندی
حاشیے سے کھسک کر
پسر گئی ہے تمام شہر میں

کوئی دنیا بھی نہیں پر
مشغول ہیں مالک
طرح طرح کی ڈونگیاں لیے

کوئی بھی ڈوب نہیں سکتا
اتنی نفیس ہو کر
پسری ہے ندی

تمام اخباروں میں
خبروں کو مٹمیلا کرتے ہوئے
محلّے محلّے میں اشتہار ہے
بڑے کام کی ندی !

صبح جلدی اٹھنے سے

صبح جلدی اٹھنے سے
چڑیا دِکھتی ہے
اکثر گوریا
کھڑکی سے بھیتر
پنک پھڑپھڑاتی ہوئی
تمہاری قمیص کے بھیتر تک
جو دیکھائی دیتی ہے چڑیا۔ اُسے
تم دھیان سے سنو
اس نے تمہیں دیکھا ہے
قمیص سے منہ نکال بڑبڑاتے ہوئے

جو سنائی دیتی ہے چڑیا
اسے دیکھو اطمینان سے
وہ تمہیں سنتی رہتی ہے
ٹیلی فون پر انگلیاں اُدھیڑتی ہوئی

یا صبح دفتر جانے سے پہلے

۱۰۴

تین گھنٹے نپٹو۔ تمام کویوں کی
بے شمار شبداولیوں سے
حوصلہ افزائی شاید ہو جائے
تمہارے سوموار کی

اس پراتبہ کا لیں کی گرد
صاف کرنے کے لیے ڈوبتے چاند کی ٹانگیں مت کھینچو،
اپنی پتلون میں
داخل ہو لینے دو سورج کو،
کچہری کے آنے کا وقت
صبح جلدی اٹھ جانے سے

اور دور چلا جاتا ہے
تمہیں سوچنا واجب ہے
تمام دنیا کے بارے میں
خاص اسی وقت طے کر لینا
واجب ہے، تم بھی اب واجب ہو
گوریا کی سہلائی پوشاک میں
تم چاہو تو چہل قدمی کر سکتے ہو
برامدے میں، چرایتا پیتے ہوئے
نالش کر سکتے ہو پو پھٹنے کی
ایشور سے تمہارے لیے واجب ہے
ایشور اس برآمدے میں

یا تم منوہر لال کے بارے میں
سوچ سکتے ہو: جو آخری بار
کنشک کے زمانے میں تمہیں ملا تھا
جہانگیر آباد کے بلاوجہ چوراہے پر
اسے دیکھتے ہی واجب ہوئے تم
تیز تیز قدموں سے گھس گئے تھے
اپنی پوشاک میں

منوہر لال کرانی بن گیا تھا
دال مِل میں! سرکاری محکمے میں
ملازم ہوا تھا پھر شاید
اب بھی کچھ نہ کچھ مکمل کر رہا ہوگا
اندرا گاندھی کے زمانے میں
اتنے بڑے شہر اور ملک میں چھپا ہوا
اُس کی پرچھیں حرکت
تعمیر کر رہی ہوگی
بیابانوں کے محل
اور شہروں کے ڈھیر

سوموار کو تو اُٹھ گئے ہو
منگل وار کو ایسی حماقت مت کرنا
پو پھٹنے کے پہلے ہی اُٹھ جانے کی

منگل وار کا دن
منوہر لال کے آنے کا دن
ہوا کرتا تھا! اپنی لحیم شحیم چُپتی کو
چھوڑتے ہوئے، پو پھٹنے کے دم خم سے
وہ سارے پرندوں کو گرفت میں لاتا تھا
روزمرّہ کی زبانوں میں

کنِشک جہانگیر اندرا گاندھی نہیں
تب تک صرف اس کے ہندوستان میں
اُس کی آمد ہوتی تھی صبح صبح

رات کوئی بھیڑ بھاڑ میں نہیں

رات کوئی بھیڑ بھاڑ میں نہیں
اکیلے میں آ کر وار کرتی ہے
نہیں کام آتے تب مارکس، لینن
کافکا، بھرتری ہری یا غالب

صدیوں پہلے کی اپنی راتوں میں
وِلین ہوئے، ان کی پرچھائیاں
پَرتیوں سے زیادہ قریب، پَرتیوں سے
زیادہ قریب ان کی آہٹوں میں

دنیا بھر کے دوستوں کو یاد کرنے میں
رات سمٹ آتی ہے اندھیرے کو اور
بازوؤں میں لپیٹے، گہرے کوئیں سے
رسی کھینچتے ہوئے، بالٹی بھر بھر
دوست آتے ہیں، پھر دیکھ دیکھ کر
چلے جاتے ہیں، ہیں ان کے اندھیرے میں
بلا جاتے ہیں ان کے اپنے جوکھوں میں

جو کیا کم ہے !

دنیا بھر کے میرے دوست اس وقت
اگر جاگ رہے ہوں گے، تو مجھے بھی
اسی طرح پکار رہے ہوں گے
اس وقت اگر اتنی رات کا وقت نہ ہوتا
کئی قاعدے استعمال ہو سکتے تھے
اس رات کو رات سے بچانے کے
اتنا اندھیرا نہیں ہوتا تو شاید
یہ کمرہ قائم رہ سکتا تھا
اپنی چہار دیواری میں
میں شریک ہو سکتا تھا کمرے میں
دیواروں کو پہلے صبح تک دم خم میں
اور کمرہ تہہ خانے میں
پہن لینا دھرتی کو
جو اَنت تہہ دیتی ہے سب کو شرن

گر میرا بھی داغ دل
تخم ہوتا تو شائع ہوتا
سرد چراغاں میں صبح ہونے سے
کافی اوّل کافی روشن

شہر کی روح

بھوپال آبسے ہمارے محلّے میں
ایسا وعدہ نہیں تھا، ارادہ بھی نہیں تھا!

اس شہر کی روح ہے بڑا تالاب
بھارت بھون کے نیچے کی سڑک پر
رات بے رات چیتے مل جاتے ہیں

رویندر بھون اور بھارت بھون کے بیچ
ایک پرانا حمام ہے خالص بھوپالی
شہر کا اصلی شہر، وہاں مالش
کرواتا چلا آرہا ہے پشتوں سے
اس شہر کی آتما ہے بڑا تالاب
باقی سب پیرہن ہے، فضیحت ہے

ہمارا محلّہ ویسے ہی جھونپڑ پٹی تھا
اتنا بڑا شہر بھی اب گھس آیا ہے
یہاں دُم دبا کر مانگتا پناہ

زخموں کے کئی نام (شاعری) سُدیپ بنرجی

۱۱۰

اس کو شمار کر لیا ہے سب نے
اپنی لمبی دن چریاؤں میں
اس کے تالاب کی مچھلیاں پکائیں گے
ٹھٹھرتی راتوں میں،
گرمی کے دنوں میں اس میں
نہائیں گے ننگ دھڑنگ بچّے
جب سارا محلّہ سوئے گا
بے شرم کی جھاڑیوں کے
انت ہین سلسلے
یہاں سے نکل گئے ہیں
تمام دوسرے شہروں میں

یہاں سے ہوتے ہوئے
ہر شہر کے ہندوستان میں
بھوپال کی روح ہے بڑا تالاب
تالاب کا بھوت بھٹکتا ہے
ہمارا محلّہ

تالاب میں تیر رہی ہے

تالاب میں تیر رہی ہے
شہر کی لاش
پیٹ پھول گیا ہے بھوپال کا
منڈرا رہے ہیں اوپر
ہوائی جہاز
تمام ملک
تمام دنیا کے

مہری

تصویر پر سے
ٹوٹتا جھرنا
گرے

فرش پر
مہری آکر پونچھا لگاتی ہے
اس کے تھوڑا پہلے ہی

مہری ہری ہے، پیلے لباس میں
چہرہ نہیں اٹھاتی فرش سے
اس کی جھکی پیٹھ پتھریلی

جس پر پیر رکھ
جھرنے کو پار کرتی ہے
اور تصویر پر چڑھتی ہے !

تمہاری ہنسی ہوتی

تمہاری ہنسی ہوتی
تو چپ ہو، چھپ جاتے
ہوا کی اوٹ میں

ہنسی ہوتی اگر
ہوا پر رقصاں
کھل جاتے تارا منڈلوں کے
چپ چاپ گلاب
چھپ جاتے تمہاری
اوٹ میں
ہنسی ہوتی تو چھپی ہوتی
چھپ جاتے تارا منڈلوں کی اوٹ میں
ہوائیں گلابوں کی مہک
رقصاں ہوتی
تمہاری ہنسی ہوتی تو
کس کس کی ہنسی ہوتی
ہوا کی اوٹ میں
گلاب کھلتے یا مرجھاتے ہوئے۔

نیلی قمیض میں

نیلی قمیض میں
چلا جا رہا ہے کوئی

اس کی کوئی دن چیرپا ہو گی
وہ سبزی خریدے گا
جیب کٹوائے گا بھیڑ بھاڑ میں
دم ہی توڑ دے گا بیچ سڑک

اس کے علاوہ اور کیا ہوتا
گر اس کی قمیض کا رنگ
اور کچھ ہوتا، وہ پیدل کے بجائے
سائیکل پر سوار ہوتا
وہ پوری طرح آدمی نہ ہوتا
تھوڑا بہت شیطان ہوتا

بہر حال کیونکہ نیلی قمیض میں
اُسے بیچ، سڑک اس طرح ہلاک

۱۱۵

ہونا پڑا ہے، خاص سوموار کے دن
سب کے لیے قمیضوں کے رنگ
اطمینان کرنا لازمی ہو گیا ہے
آگاہ پر کون کرے گا
تمام نیلی قمیض والے احمقوں کو

اتاروں اپنی قمیض
اتارو اب یہ آسمان
یہ دھرتی ہے اسے
نہیں چاہئے پیوند
موقع پر آپ کی آمد درج ہوئی
سب کا آخر تک کیا ہو گا
آخری فیصلے تک چشم دیدہ رہ
آپ جان بھی لیں گے تو پیشے ور ہوں گے

جائیے اب اپنی ریاست میں
آنکھوں کے بٹوے کو جیب میں رکھ
ریزگاری دِرشٹیاں خرچ چکے بہت

ویسے تو اس کے بارے میں یہ ہے

ویسے تو اس کے بارے میں یہ ہے
کہ وہ بھی ہے
آدم قد
اور رنگوں میں سُرخ خون اس کے بھی

پر اس کے علاوہ بھی ہے،
جیسے کی وہ دیکھتا ہے
تمام چیزوں کو دیکھتا ہے
اور دیکھتا چلا جاتا ہے
اور چیزیں ہیں کہ ایسے دیکھنے کو
قائل نہیں ہیں اور اس سے
الجھتی رہتی ہیں دن رات

وہ نہ الجھیں تو اور پھر کون اس کا
کس کی غرض ہے کہ اس کے وجود کو
ٹھہر لگائے اپنے توجہ سے
وہ اردتاً تو نہیں ہی داخل ہوا

۱۱۷

اس قرینے میں، ہر جگہ نوک بن کر
گھاؤ کرتا ہوا وار نِش پر
کھال پر دیوار پر
ایک دن وہ آیا ہے
کسی اور دن کے بھیتر سے
پھوٹ آئے گا اس کا چلا جانا
ہمیشہ کی طرح بے میل کپڑے پہنے
مٹ میلی آنکھوں کے کونوں میں
دریشیا و لی گرد سمیٹتا ہوا
چُبھتا اُس کی آمد اس زمانے میں

باغی بن کر کیا اس کی نکاسی
جھنجھوڑ جائے گی اس قرینے کو؟

ملبہ

سمتل نہیں ہوگا قیامت تک
پورے ملک کی چھاتی پر پھیلا ملبہ
اوبڑ کھابڑ ہی رہ جائے گا یہ پرسنگ
عبادت گاہ کی آخری اذان
دِگنیتی اننت تک پکارتی ہوئی

اب کوئی رات کے اندھیرے ہیں

اب کوئی رات کے سنسان اندھیرے ہیں
دبے پاؤں آکر دروازہ نہیں کھٹکھٹاتا
رات کی سڑکیں، یتیم ہوا کے لیے
تھوڑی بھی وِچلت نہیں ہوتیں

اب کوئی پیچھے سے آکر
آنکھ مچولی نہیں کھیلتا
روبرو آکر نکال لیتا ہے پستول

کوئی دیر رات پریشان نہیں کرتا پڑوس کو
دن دہاڑے گریبان پکڑ کر پوچھتا ہے
کیا تمہارا ہی نام روشن لال ہے

روشن لال تب بیوی بچوں کے ساتھ
دیوالی کا بازار کرتے شاید
یا ویسے ہی چھٹی کے دن کو روندتے ہوئے
اپنی پاروارِک خوش مزاجی سے

۱۲۰

روشن لال کی بازار میں شہرت
سکّوں اور ریزگاری سے زیادہ کھری
زیادہ چمک اور کھنک ان کی چہل قدمی میں

پر اس سب کو بلا غور کیے سامنے سے ہی
بنا جھجک حاضر ہو کر
اس سے پوچھتے ہیں اس کا نام
وہ شخص کبھی وردی دھاری سرکاری تمغے پہنے
مٹّی کے گھوڑوں پر سوار
کبھی روزمرّہ کے عام پیرہن میں ہی
اس طرح بنا بتائے پورے شہر پر قابض

پوچھتے ہیں تمہارا نام روشن لال، ہیرا سنگھ
محمد خان یا اور بھی کیا سب اس کے
علاوہ اور کچھ نہیں ہو سکتا کیا؟
روشن لال تم نے کیا نہیں دیکھے تھانے؟
کیا چکّر نہیں پڑا کچہریوں کا؟
لوگ کہتے ہیں تم پیڑوں کو درخت کہتے ہو
بیوی کو بیچ سڑک اس کے نام سے بلاتے ہو
بچوں کو نہیں بھیجتے نکڑ پر قواعد کرنے

روشن لال تمہارا نام تمہیں اندھیرے میں لے جائے گا
کہتے ہوئے وہ شخص، کہاں سے آتے ہیں

کہاں چلے جاتے ہیں، پرچھتوں سے ہی ان کے چہرے
پرچھتوں میں ہی ہلا جاتے ہیں

وہ اب دیر رات آکر
اِدھر اُدھر دیکھتے
دروازے پر دستک نہیں دیتے
ان کے چہروں پر نقاب نہیں
ان کے ہاتھوں میں قانون کی
نقلی تحریر بھی نہیں

پہلے جلسے میں آئے وہ

پہلے جلسے میں آئے وہ
پھر پتا نہیں کب
اَنت رنگ سماسدوں میں شریک ہوئے

اب قابض ہو رہے ہیں ذہن پر
قہر ڈھا رہے ہیں وطن پر

ہتھیاروں کو مت جگہ دو
اس طرح
ہر چیز ہر جگہ ہر و چار کو
ان کے سواگت میں خالی کرتے ہوئے

سچ مچ وہ بہت زیادہ ہیں
بہت زیادہ بولتے ہیں
اِن کو کچھ تو جواب دو
صرف ہونٹوں کو مت پلٹاؤ
اس طرح لاچار ہو کر

۱۲۳

جمع کیے اتنے سارے شبد
جتن سے سیکھی اتنی بھاشائیں
مُکھر کریں دُنیہ کو بلایں کو
ورن کریں کرتبیہ کا
اس سے تو بہتر ہوتی
ایک چیتی پرتی کار کی
وہ آ گئے ہیں بن ٹھن کر
کال جئی دُستپنوں پر سوار
اب بھی اگر استنبھ چھوڑ کر
پرگت نہیں ہو سکتے سموچے ہیں تو
تم سے تو باقی نہیں رہی اتنی امید
خدا کے واسطے لیکن
مت کورنش بجاؤ
ہتیاروں کی اگوانی میں

تاج محل کے موضوع پر ایک یادگار شعری انتخاب

اردو شاعری میں تاج محل

مرتبہ : شجاع خاور

بین الاقوامی ایڈیشن منظر عام پر آچکا ہے